_____ 님에게

詩라는 그릇에 담긴 말들이
지상의 어두운 그늘을 밀어내고
따뜻한 동행이 되고자
이 시집을 드립니다

년   월   일

바람을 노래하는 카나리아

박민정 시집

■ 시인의 말

삶의 소용돌이 속에서
고단하고 지친 영혼의 다하지 못한 이야기
서산으로 지고 있는 붉은 노을은
알아서 내 슬픈 전설을 기록하고 있다
겹겹이 쌓인 얼룩진 흔적들은 기억 속에 가시로 남아
나의 행복지수에 걸림돌 되기도 했다
야속한 친정아버지와의 불협화음이 계기가 되어
터놓고 하지 못하는 이야기보따리 부여안고
가슴 한 귀퉁이에 새겨놓다 보니
어느 날 등단 시인 되어 있었고
벙어리 카나리아가 말문이 틔어
노래 부르다 시 낭송가가 되었다
이 가을, 떨어져 바스락 부서져 버리는 낙엽과 함께
아픈 세월에 가라앉은 원망과 미움의 찌꺼기 날려버리고
새 삶을 살아가는 이유로 두 번째 시집을 출간한다.

2024년 10월
시인 **박민정**

박민정 시집 / 바람을 노래하는 카나리아

시인의 말

1부. 신이 보낸 메시지

어릿광대의 눈물	14
습작 속의 명작	15
고독한 여자	16
비 온 뒤 사유	17
신이 보낸 메시지	18
바람의 눈물	20
누구 하늘 주소 아시나요	21
군자리君子里 5.18	22
소양강 연가	23
여자와 여자 사이	24
마지막 숙제	25
공지천으로 오세요	26
바람을 노래하는 카나리아	28
그리움	29

2부. 아버지를 고발합니다

세상에 없는 계절	32
이별은 폭풍	33
저녁에	34
똥강아지들	36
고향의 강	38
무면허 미용사	40
달은 뜨고 지는데	42
아버지	44
훌쩍이는 부녀지간	46
아버지 없는 하늘	47
아버지를 고발합니다	48
꽃은 순서대로 지는데	49
혼잣말	50
고개 숙인 꽃	52
들꽃	53

3부. 혼자 듣는 종소리

어쩌면 좋아	56
도도한 장미	58
기억의 그림자	59
이렇게 좋은 날은	60
이슬	62
고추잠자리	63
혼자 듣는 종소리	64
봄비	65
패랭이꽃	66
친구야	67
나팔꽃	68
꿈꾸듯 지나간 시간	69
상상은 자유	70
흔들리지 않는 사랑	72

4부. 이별의 이중성

또 하나의 계절　　　　　　　　74
외할머니　　　　　　　　　　76
7월에는　　　　　　　　　　　77
물들고 싶다　　　　　　　　　78
키 낮은 꽃 삶　　　　　　　　79
하얀 그림자　　　　　　　　　80
몰랐네　　　　　　　　　　　81
담쟁이　　　　　　　　　　　82
나보다 앞서 떠난 바람아　　　84
첫눈　　　　　　　　　　　　85
이별의 이중성　　　　　　　　86
봄 햇살처럼　　　　　　　　　88
빗금으로 젖는다　　　　　　　89
별 하나의 슬픔　　　　　　　　90
유혹의 피리 소리　　　　　　　92

5부. 가을 유서

이순에 순의 변수	94
산수유	95
봄은 왔는데	96
입추	97
주름뿐인 강물	98
나	100
숨겨진 너	102
눈물꽃	103
가을 유서	104
비 지나간 자리	106
가시만 남은 장미꽃	107
겨울이 오기 전에	108
비상 걸린 가슴	110
사랑받고 싶어서	112

6부. 아무것도 모르고 핀 꽃

피울 수 없는 바위꽃   114
하얀 사유   116
아무것도 모르고 핀 꽃   117
묘비명   118
원추리 꽃   119
매헌梅軒 윤봉길 의사   120
바람의 길   122
별빛 같은 사랑   123
바람꽃   124
수련   125
영혼의 분노   126
단풍 질렀네   127
불후의 명곡   128
몽돌   130
그림자의 운명   132

평설   트라우마 치유와 회복의 미학   지은경   133

1부. 신이 보낸 메시지

어릿광대의 눈물
습작 속의 명작
고독한 여자
비 온 뒤 사유
신이 보낸 메시지
바람의 눈물
누구 하늘 주소 아시나요
군자리君子里 5.18
소양강 연가
여자와 여자 사이
마지막 숙제
공지천으로 오세요
바람을 노래하는 카나리아
그리움

어릿광대의 눈물

피에로의 웃픈 모습
분장한 얼굴로 뒤뚱거리며
길 잃은 바람처럼
삶이 비틀거렸다

그렁그렁 눈썹에 매달린 눈물
갈가리 찢긴 상처 위로
뿌려지는 소금 한 주먹
쓰라린 이별이 손짓한다

그날 밤 빗소리에 들려오는
아버지와 남동생의 귓속말
가시 돋친 검은 그림자의 속삭임
내 달팽이관을 찢는다

눈엣가시인 난
애증의 속살거림이 없는 곳으로
멀리 떠나려 다짐한 재촉의 발걸음이다
뒤돌아보면 안 된다

습작 속의 명작

명작을 그리고픈 마음에
백지에 하늘 한 조각 떼어다 붙여 놓고
채색한다
하늘과 별과 달이 있는
풍경 속에서 행복한 여인
허름했던 삶까지 다시 살아나는
공들여 그린 세월
부자도 빈자도 고귀하게 살 권리 있기에
다시 구름 한 조각 붙이니
떠나갔던 내 사랑
빛나는 작품으로 돌아와 있다

고독한 여자

나를 고립 시킨 죄
적막강산 외로움이
섬을 끌어안고 살았다
섬은 몸부림을 치며
음악을 듣고 시를 쓰고 그림을 그린다
슬픈 음악을 듣고
고독한 시를 쓰고
아름다운 그림을 그린다
한 줄기 꽃대궁에 흐르는
적막하고 위태로운 고독
나를 부르는 고독은
외로운 눈물의 무덤이런가
꽃잎 떨구며
서럽게 산 세월
바람의 재가 되려나
산산이 부서져 날아가거라

비 온 뒤 사유

생각의 추는 간사하다
떨림이 있는 것처럼

종이 한 장 차이로
기뻐하고 슬퍼하고

누가 잘 살았다고
말할 수 있겠는가

각자 삶의 무게만큼
보람도 슬픔도 고귀한 것을

처마 밑 낙숫물 소리도
사유의 노래 부른다

신이 보낸 메시지

마음이 공허한 날이면
신이 보낸 메시지를 읽는다
눈을 감으면 나는
언제나 손 그릇을 만들어
빗물을 받으며 걸어가고
아버지는 백설기를 여러 덩이 들고
내 뒤를 따라오는 환영을 본다
매 순간 나는 다섯 살 꼬마였고
사람들 틈에 숨어 장돌뱅이 쇼를 구경한다
옆의 여자가 툭 치며 내 몸을 가리켰다
실오라기 하나 걸치지 않은 몸
등 뒤에는 노르스름한 솜털이 춤추는
예쁘고 귀한 내 모습이었다
마술 거울에 비추어진 내 모습은
한 점 부끄러움 없이 당당했다
얼마나 많은 날 들을 길을 잃고
허둥대며 지내왔는가

지금은 매사에 긍정적으로 변하고
미래를 꿈꾸는 행복한 안목을 가졌다
늘 그러하듯
마음이 공허한 날이면
신이 보낸 메시지를 읽는다

바람의 눈물

저 홀로 도도한 세월
계절은 물든 채 빠르게 지나간다
강변의 갈대처럼 제 몸 가누기 힘든 것들은
온종일 바람에 춤을 추고 있다
모두가 눈치 보며
형형색색 물들어 간다
바람에 흔들거리며
웅크린 채 비틀거린다
너 나 할 것 없이
울긋불긋 취한 채 하얀 겨울로 간다
추억마저 붉게 물들어
누운 채 신음을 한다
바람에 포로가 된 군상들은
스치기만 해도 외롭다고
덩그러니 시위를 한다
흔들리는 그리움
아 바람의 눈물
추억의 한 가슴을 적신다

누구 하늘 주소 아시나요

365일
우리의 소원을 기도하는 곳
우리의 원망을 쏟아붓는 곳
그래도 하늘은 사랑을 내려 주네요

작열하는 태양을 안고
철 따라 바람 바꾸어 꽃을 피우고
농사철 되면 비를 내려주고
겨울엔 포근히 눈을 내려주네요

누구 하늘 주소를 아시나요
우리의 상처를 어루만져 주는 곳
구름마저 새떼 되어 노을 속에 숨어드니
오늘 밤은 은하수에게라도 주소를 물어

사랑 담긴 감사 편지
고이 접어 부쳐 보렵니다

군자리君子里 5.18

눈시울 붉어질 때마다
가고 싶은 곳
가슴이 울컥하여
눈물이 사태 지고
마사처럼 그리움이 흘러내릴 때
언제나 발길이 머무는 그곳
뜬구름 위에는
그리움만 가득한데
누워있는 그림자는 애섧다
군자리君子里 5.18* 바람의 언덕
내 마음의 안식처
바람의 밀어가 나를 유혹하는 곳
언제나 변함없는 포근한 봄동산
어머니 품속이기에

*군자리君子里 5.18
어머니 산소가 있는 마을의 위치 번호

소양강 연가

소양강은 봉의산을 품에 안고
어제처럼 윤슬로 반짝이네
오늘도 뒤돌아보지 않고
그제처럼 침묵이네
사람들은 하나둘
손에 손을 잡고 은파가 되는데
하염없이 뒤돌아보는 건
추억으로 사라진 포말 때문이네
연인들은 저마다 추억을 담고
사랑한다는 언약 없이 돌아선다네
한번 흘러간 강물은 은파가 되어
돌아올 줄 모르고
저 산모퉁이를 돌아간다네
내 사랑은 반짝이는 윤슬로 가슴에 남을 거야
오늘도 갈대는 철없이 서걱대며 춤을 추겠지
목만 길어진 백로처럼 사는 거야
소양강은 오늘도 앞만 보고 흐르네
봄 여름 가을 겨울
산 그림자 하나로 멀어져가네

여자와 여자 사이

땅엔 코로나 바이러스19가 창궐하고
하늘에는 붉은 별들만 가득하다
뒤돌아본 듯
헤어져야 하나
꽃 본 듯 돌아서야 하나
본연의 얼굴로 돌아가는가 싶더니
차갑게 비틀거린다
밤새도록 나를 생각한 만큼
온종일 그녀를 생각했다
순간 그녀가 꽃잎처럼 찾아왔다가
진눈깨비처럼 사라졌다
여자와 여자 사이에도
별빛 같은 우정은 존재하는가
뭉게구름이 흘러간 자리
싸늘한 설원이다

마지막 숙제

바쁘게 허우적거리는 삶
하루를 반복하는 바보일 뿐
모든 것이 다 꼬여버려
그 순간 의미를 상실해도
그 누구도 나와 같을 순 없다는 것
생은 계속 이어진다는 것을 안다
하찮은 정 때문에 버림받은 난
초라한 순간순간 무엇 때문에
이토록 비참해지는 걸까 생각하며
진리란 것이 얼마나 따뜻한 현실인가
사랑이란 것이 얼마나 위대한 불꽃인가
이렇듯 현실의 불꽃을 직시하며
정신적 고통을 이겨낼 암시로 받아들이고
내게 주어진 삶의 마지막 숙제를 위해
열심히 살 뿐이다
실수와 고뇌를 거울삼아
고단한 삶을 영위하며
건강하고 행복하게 살아야 할
생의 마지막에 내가 원하는 건
사랑과 눈물의 추억을 밀봉해
환한 얼굴로 다시 태어나는 것

공지천으로 오세요

사랑에 배신 당하거든
공지천으로 오세요

달콤한 말은 모두 거짓
파도처럼 출렁이는 미운 얼굴
흰 구름에 배 띄워 보냅니다

하얗게 속삭이는 은파
누가 강물 위에 떠내려간 사랑을
커피보다 진하다고 했나요

오늘도 꽃잎 같은 여자
호숫가에서 짝을 맺고 잃은
모시 날개를 가진 잠자리는 알리라

사랑을 잃어 버리거든
공지천으로 오세요
추억의 커피 한 잔
떨리는 흰 손
미련은 버리세요

속눈썹에 맺힌 이슬
검은 눈물은 오늘뿐이에요

바람을 노래하는 카나리아

단 한 번뿐인 인생
세월은 흘러 어디로 가는 걸까
세상의 끝엔 무엇이 기다릴까
무엇을 원하고 갈망하며 고뇌 했나
풍파에 시달리며 떠밀려온 삶
과거를 추억해도 무의미한 기억뿐
허름하고 애매한 발자취만 남았다
내게 길들인 절망은 허공에 떠 있고
외로운 심술보는 욕심만을 키웠다
모두 지난 과거일 뿐 이젠, 시로 남겨두고
나만의 새 생활을 시작하련다
잘 자란 아들딸 대견하고
무지개 동산으로 네 마리 올라가니
다시 또 열두 마리로 채워지는 귀요미들
사계절 해시계 아래에서
멍멍멍 야옹야옹
서로 함께 나누는 정
참사랑 공유하니 외로움이 잊힌다
오늘도 바람을 노래하는 카나리아
높푸른 하늘로 비상飛上하려고
꿈의 날갯짓 한다

그리움

애잔한 그리움
안갯속으로 사라지고

시린 바람 한 줌
호숫가 위를 맴돈다

눈물 젖은 그림자
기다림에 시든 발걸음

흔들리며 피는 꽃향기는
그리움의 강물이다

2부. 아버지를 고발합니다

세상에 없는 계절
이별은 폭풍
저녁에
똥강아지들
고향의 강
무면허 미용사
달은 뜨고 지는데
아버지
훌쩍이는 부녀지간
아버지 없는 하늘
아버지를 고발합니다
꽃은 순서대로 지는데
혼잣말
고개 숙인 꽃
들꽃

세상에 없는 계절

문득 깊어진 하늘
속절없이 멀어져 간 너
그리움의 매운 연기가 번진다
추억 속의 언어들이 입맞춤할 때마다
숨통을 조이는 매듭들은
그리움이었다가 이내
눈물이 된다
아무것도 모르는 바람은
나의 뺨을 사정없이 할퀴고
애증의 꼬리를 감춘다
바람 불 때마다 흔들리는 너
무심히 폭염 속에서 만났다가
아지랑이로 사라졌다
나는 그 운명에 항의하고
운명을 넘어 또다시 네게로 향한다
바람에 누운 갈대들은 사연을 아는지
몸부림치며 비구름에게 이유를 묻는
그 여름은 세상에 없는 계절이다

이별은 폭풍

예고도 없이
이별은 폭풍처럼 몰려왔다
앞이 캄캄해지고
닥친 이별에 놀란 몸
달팽이관에선 매미가 운다
배신감에 고열로 끓는 심장
마지막 완행열차마저 떠나가고
돌아갈 곳 없는데
한꺼번에 닥친 사랑과 애증의 신드롬
사랑의 세레나데, 기적 소리와 아스라이 멀어져가고
쌓였던 추억마저 안개처럼 희미해진다
내 기억 속에 어른거리는 것은
언제나 어리석었던 과거의 뒷모습뿐

저녁에

한낮을 머물다
서산에 지는 일몰들이
하늬바람에 휘몰려
새 떼 되어 날다가
붉은 꽃잎으로 흩어진다

어둠으로 돌아온 배들이 닻을 내리면
나는 창가에 부끄러운 등불을 내다 걸고
한이 시퍼런 못된 시를 지었다

아슬아슬하게
절벽을 깎으며 살아가는
문득
창백한 무명지가
지시되는 내 그리움의 손짓

붉은 연꽃 몇 송이
바람에 파문 지으며 운다

버려진 산에서
버려진 허름한 밤 풍경들이
힘겹게 쌓이면
내게 길들인 절망은 아름답다

어둠 속으로
구부러진 상처들이 눕는다
방수가 되지 못한 바닥을 뚫고 나와
낙수 지는 내 눈물

아, 껴안지 못한 어머니
모시로 덮인 찬밥 같은
허연 젖무덤을 물고 잔다

똥강아지들

우리
예쁜 똥강아지들

병들어 버림받은 유기견
하나둘 입양해 한 가족 되었다
남들은 별거 아니라지만
내겐 귀중한 사랑둥이들
치료받다 무지개 동산으로 올라가
생각할수록 가슴 먹먹한
몰티즈 진이
몰티즈 레오
진돗개 진솔
시츄 복솔

보고 싶은 귀염둥이들
소리 죽여
부르다 부르다
꿈속에서도 불러본다
함께한 세월 정 깊다

다음 생애에도
다시 만날 수 있을까

우리
예쁜 똥강아지들

고향의 강

태 버린 고향의 강
유년의 친구들 웃음이 반짝이고
돌고 도는 마을 길과
참새 놀던 싸리나무 울타리가
눈물 나게 그립다
지금 그 시절 꼬마 친구들
손주 재롱에 시간 가는 줄 모르고 있겠지
나는 아직 미혼인 두 자식과
병 든 떠돌이 동물들 입양해
28년째 수술과 치료해주며 부양하느라
여행은 꿈도 못 꾸고
명품은 만져보지도 못하고
새 가족 길고양이들도 함께
고난과 역경을 헤쳐나간다
가끔 숨은 그림 찾기 하듯
내 고향 뉴스엔 눈을 고정하곤 한다
늘 꿈속에서만 손짓하는
야속한 눈물의 고향
5일 장날이면 맛있는 한우구이와

더덕 반찬을 기다리던 그 시절이 그립다
뉴스에 보도된 내 고향 횡성의 강물
온종일 금빛으로 반짝인다

무면허 미용사

럭셔리 애견 미용 숍 20년 이용했다
열두 마리 유기견을 돌보며 살아온 청춘
우리 모녀는 미용실도 자제하고
긴 머리 질끈 동여매고 검소하게 살았다
사룟값과 병원비가 만만치 않으니
수만 원 하는 미용비라도 아끼고 싶지만
집에서 하면 혹시 살점이라도 베일까 봐
비싼 애견 미용 숍을 고집했었다
그동안 네 마리는 무지개 동산에 올라갔지만
미용비가 마리 당 또 오천 원 인상되니
여덟 마리 생계비에 가슴이 무너져
8년 전에 공포의 미용기를 구입했다
모녀는 바들바들 떨면서
한 마리 두 마리 털과 발톱을 깎았다
어느 사이 수준급 미용사 되었다
애견 미용사 자격증 없는 모녀지만
번갈아 가면서 미용을 한다
스르륵스르륵 기계 소리 지나가는 행복감
오늘도 강아지는 끙끙거리고 꼬리 치며

"고맙습니다" 온몸으로 인사한다
나는 강아지들의 마음 아는 엄마 미용사
우리 모녀는 무면허 미용사

달은 뜨고 지는데

동구 밖
느티나무 뒤에 숨어 우는 소리
저 달 속에는
아버지의 맏딸이 울고 있어요

가을이 되면 홀로 뒹굴며 기다리는
아무리 울어도 달빛만 흐리는 죄인
무서리 내리는 새벽이면
꿈속에서 악마에게 끌려가며
외마디 비명을 지르는 딸은
아버지를 불렀어요
세월이 흘러도
밤이면 그 느티나무에는
변함없이 달이 뜨고 지는데
무릎 꿇고 울고 있는 그림자 하나
아직도 떨고 있어요
아버지 눈동자는 언제나
차디찬 방문 손잡이만 바라보고
출가외인이란 까마귀 울음소리 같은
형상만 남기고 가셨어요
달이 뜨는 밤마다 빼곡히 적은

아버지의 상상도 못 할 꾸지람에
푸른 느티나무 이파리는 낙엽이 되고
오늘도 아버지가 남긴
오만가지 트집의 잔상들과
밤새도록 싸우다가 잠이 듭니다
마음 다친 몸은 고통을 참을 수 없어
사지가 후들거리고
자꾸만 구토가 나고
식은땀이 등줄기를 타고
주르륵 흘러내립니다
호환 마마보다도 더 무서운 오해
동생들 앞에서 싸늘하게 외면하는
아버지의 차가운 눈빛과 폭언
고장 난 시계도 달래주면 가는데
비록 제대로 된 시간이 아닐지라도
미소짓는 척이라도 해주시면 안 되나요

동구 밖
느티나무 뒤에 숨어 우는 소리
저 달 속에는
아버지의 맏딸이 울고 있어요

아버지

불을 끄고 누웠어도
잠 못 들 게 하는 아버지
환갑 나이 든 맏딸 심장에
눈보라를 일으켜
그림자까지 얼어붙게 하는 아버지
한 번쯤 안 보고 잘 견뎌보리라
몇 달째 무소식으로 지냈더니
괘씸죄에 걸렸나
십 년 전에 찰떡같이 한 언약을
쑥개떡같이 번복하는 아버지
단 한 번뿐인 약속이었기에
아버지의 허언에 저당 잡힌 세월
변절한 남동생의 멸시도 참으며
긴 세월 숨죽이고 살아왔는데
어느 누가 알아줄까, 차라리
일자무식 촌로라면 이해할 것을
공학박사 젠틀맨 아버지이기에
그것이 불행의 원인이다
꺼져가는 시간을 살리며
기억마저 비틀거리는 풀잎처럼 살아온 세월

얼음장보다 더 차가운 아버지는
끝끝내 맏딸을 우울증 걸리게 했다
하루하루 한 맺힌 시를 쓰며
오장 육부 화를 토하듯
시 낭송을 하며 목숨을 연명하다 이젠,
미움과 저주의 불꽃이 펄럭거린다
녹슨 스위치라도 있다면 끄고 싶은데
아버지 그림자라도 밟을 것 같아
조심조심 소복에 산발한 채 산다

훌쩍이는 부녀지간

떠난다는 것
끝낸다는 것

마음속으로
끊임없이 묻는 건
떠나고 싶지 않은 것이다

떠날 수도
끝낼 수도 없는

훌쩍이는 부녀지간
야속한 아버지는
바람 불면 떨어지고 마는 이파리

아버지의 편애에 누렇게 물든 나
마지막 사랑마저 바람이 되어
눈 감아도 보이지 않는 아버지

아버지 없는 하늘

아버지 없는 하늘
흐린 채 말이 없습니다
아무렇지도 않게 봄날은 가고
시계는 철없이 돌고 돌지요
서럽게 울어봐도 귀 없는 세상
죽지 못해 산다고 손사래 치며
가짜 행복들이 판치는 세상
슬픔만 남긴 사랑도 사랑이라며
오늘도 강물처럼 비틀거립니다
흐려진 눈으로 하늘만 보다가
무서운 아버지가 미워 청개구리 되어
박씨 돌림자 이름을 개명하고도
맏딸이란 이유로 눈물로 보낸 세월
이젠 응어리진 가슴 풀어 헤쳐서
푸른 하늘로 날갯짓해 보렵니다
죽음 앞에 도망자가 된 아버지
목메어 불러봅니다

아버지를 고발합니다

스물네 개 갈비뼈 사이사이마다
아버지의 그리움이 박혀있습니다
오장 육부가 까맣게 썩은 세월
이대로는 살 수가 없습니다
눈물은 녹물이 되어 미칠 것 같은
빛바랜 쳇바퀴 인생입니다
홀로 사는 아버지가 걱정되고
그립고 보고 싶어 애타는 마음
사는 곳만 바라보다가
못 견디게 원망스러워
나쁜 생각만 되뇝니다
행여 아버지가 나를 버린 건 아닐까
내가 먼저 죽으면 울기나 할까
어머니 제사에도 참석하지 못하게 하고
평소에도 문전 박대하던 아버지
태어나서부터 10년간 떨어져 살았기에
아무리 맏딸이 정 없어 싫다 해도
이렇게까지 잔인할 수 있는지요
어버이날 포장지만 세 번 바꾼 세월
양복을 가지고 법원에 찾아가
이젠 아버지를 고발하겠습니다

꽃은 순서대로 지는데

꽃이 피고 지는 것도 순서가 있네
이른 봄에는 복수초 매화 동백 산수유
늦은 봄엔 진달래 개나리 철쭉 목련이 피고 지는데
생각해보면 깜짝 놀랄 일이네
2009년 봄에는 코스모스 꽃을 좋아하던
가련한 어머니 꽃이 지고
올봄에는 팔순의 아버지 꽃이 기약이 없네
언젠가 알 수 없는 떠날 봄날
맏딸인 나는 어떤 꽃으로 질까
자식이라고 부모 닮은 꽃으로 태어나
롤러코스터 탄 환경에서 자랐기에
생각해보니 꽃처럼 핀다는 것이 힘겨워
예쁜 꽃으로 만개하지 못할 것 같네
육 남매 중 맏딸로 태어나 흔들리며 핀 꽃
한 많은 세상살이 눈물겹게 살다 보니
마지막 봄날 나는 이름있는 꽃으로나 질까
밝아오는 여명의 아침 햇살에
두 팔 벌려 기지개 켜며 예쁜 꽃 이름 다 불러본다

혼잣말

아무리 눈물을 흘리며 바라고 원해도
얼음박제가 된 아버지 마음은 변하지 않을 것 같다
그러나 마지막 희망은 있다
그것은 나와 아버지 삶이 봄여름 가을 겨울 중
어느 계절에 머물고 있는지를 잘 알아야 한다
겨울이면 볼 것도 없이 봄처럼 살아야 하고
스스로 언 땅을 녹이고 향기롭게
아름다운 꽃으로 다시 피어나야 한다
세상에 존재하는 모든 것은 영원이란 없고
미운 아버지라도 언젠가는 이별해야 하고
나도 언젠가는 떨어지는 낙엽과 함께하겠지
팔순의 아버지는 이미 바람을 기다리는 존재로 살기에
육순의 맏딸 사이에 필요한 것은
서로를 적셔줄 몇 방울의 뜨거운 눈물뿐
이제 남은 것은 세상의 독자들에게 감동을 줄
나만의 빛나는 시를 창작해
아버지의 자랑스러운 맏딸로 우뚝 서는 것이다
언제가 아버지가 후회의 눈물을 흘리며 품어 줄
그런 딸이 될 수 있게 꿈꿔야 한다

그것은 온몸을 던져 창작한 감동적인 시뿐이다
나는 준비 되어 있는 시인이니
진실한 시 편들이면 아버지의 예쁜 딸로 받아들여 주겠지
꼭 그날이 올 것이라 믿는다
뒤돌아보면 모두가 상처투성이였고
눈물뿐이었던 세월, 이젠 아무런 말 없이
바라보기만 해도 반짝이는 별처럼
빛나게 살고 싶다

고개 숙인 꽃

고개 숙인 꽃이
대지에 입맞춤 할 때
향기를 뿜낸다
약속도 없이
일렁이는 바람
바람은 다 알고 있다
혼자는 견딜 수 없어
몸부림치며 핀
그 꽃
두 눈을 꼭 감고
고개 숙인 꽃
향기로운, 그러나
저 바람둥이 꽃

들꽃

푸른 밤
눈 시린 사랑에
들길을 헤맨다

순수한 너를 위하여
산들바람도 축복해 주고
밤하늘은 반짝이는 별밭이었지

너의 사랑에
밤새도록 풀벌레 노래하고
강물은 별들을 싣고
여울목에 머물렀지

푸른 밤
눈 시린 사랑에
들길을 헤맨다

3부. 혼자 듣는 종소리

어쩌면 좋아
도도한 장미
기억의 그림자
이렇게 좋은 날은
이슬
고추잠자리
혼자 듣는 종소리
봄비
패랭이꽃
친구야
나팔꽃
꿈꾸듯 지나간 시간
상상은 자유
흔들리지 않는 사랑

어쩌면 좋아

명색이 박민정 시인인데
미워진 프로필 사진
어쩌면 좋아

처녀 적보다 거대해진 몸
넙데데한 반명함판 얼굴
뽀샵도 못하고
다른 이쁜 여자 사진 올릴 수도 없고
나이를 열 살 아래로 줄일 수도 없으니
어쩌면 좋아

환갑의 나이 들먹인 시 구절
나의 지금 몽타주가
낱낱이 드러났으니
어쩌면 좋아

이제는
나를 온전히 나타내려면
나만의 창작시를 써서
웅숭깊은 목소리로 낭송해야 한다

언젠가 그 누군가 나의 시를
자기가 쓴 것인 양 연애편지에
인용하는 날도 오지 않을까

그때도 내가
이 세상에 존재하고 있을까
아 어쩌면 좋아

도도한 장미

더운 바람이
가슴을 풀어 헤친다

햇살 머금은
푸른 잎 사이로 깜박이는
붉게 타는 열정의 입술 자국

담장 넘어 아랑곳없이
가시로 미소 짓더니
담장을 넘다 눈 감고 마는구나

밤새 망설이더니
이른 아침 살짝
도도하게 벙그러지는

오늘도 담장에 턱 고이고
자만심 만발한 정열의 너
풍성한 향기만 폴폴폴

기억의 그림자

출렁거리는 물결 따라
기억의 그림자를 밟으며 걷는다

어디쯤 왔나 뒤돌아보니
아스라이 멀어진 꼭짓점
되돌아가기엔 너무 멀리 온 지금

이게 아닌데 물수제비 던지며
탄식해 보아도
초라한 그림자만 하염없다

행간을 떠돌며 쓸쓸함은 더하고
안갯속에 살아 오르는 추억은
노을빛에 스쳐 가는 갈바람

흘러간 강물이 모두 슬픔이라면
반짝이는 추억의 물결 위에
아픈 기억을 띄워 보내고 싶다

이렇게 좋은 날은

바람의 등에 업혀
달려온 날들

수선스럽던 가을비는
이제 고요하게 젖어 듭니다

차 한 잔 들며 창밖을 보니
방금 가을이 그려 놓은
수채화입니다

빗물 머금은 숲은
한여름 땡볕의 서체로 쓴
시 편들이 줄줄이 서 있습니다

이렇게 좋은 날은
가슴속에 빈 방 하나 들이고
혼자라도 좋아라

옷깃을 여미고
밤새 떠나간 임 기다리고 싶어라

퇴고하지 않은 시 한 편
가을 서체로 남기며

이슬

풀잎이 눕는다
안개 자욱한 새벽

물방울 하나 남겨놓고
너는 가버렸다

아직도 바람을 기다리는
민들레 홀씨처럼
너의 품에 안기고 싶다

강물이 거꾸로 흐른다 해도
바람 타고 날아가
함께하고 싶다

오늘도 밤에 몰래 내려와
너를 만난 후
해가 뜨기 전에 날아간다

고추잠자리

마른나무 위 바람의 집을
돌고 또 도네

눈을 감고
나뭇가지 끝에 앉은
빨간 잠자리

매혹적인 날개로
태극 춤을 추네

아!
가을 하늘 콕
장대 끝에 콕 콕

태극 무늬 춤
자유 대한민국 만만세

혼자 듣는 종소리

내 울음은
누구에게도 안 들리는 종소리
선잠 깬 그리움은
희미한 기억 속에
예고 없이 비만 내리고
어둠 등지고 선 이별은
빗물에 살아 오른다
아파도 보내야 할 사랑
머물러도 아픈 그 사랑
달빛에 울리는 종소리
세월 비켜선 그리움만
눈물 속에 하릴없이 흐려지고
어제도 오늘도 울리는 종소리
목멘 사랑 속울음 우는
혼자 듣는 종소리

봄비

침대 반대편
옷가지들이 걸려있는 바람벽
흑백 영화처럼 화양연화를 꿈꾼다

불을 끄고 잠을 청하려니
달빛 머금은 소녀 시절의 꽃잎들이
봄비로 속살거린다

치맛자락 펄럭이며 달려오는
소녀들의 웃음소리
이내 지붕 위에서 뛰어내리는 봄비

찔레꽃 핀 언덕
손에 손잡은 소녀들이
봄비에 젖어 꽃잎을 삼킨다

패랭이꽃

눈 시린 날
달빛 젖은 산기슭에
몸을 낮춘 보랏빛 꽃

기약 없는 산중에
누구를 그려 피었는지
온종일 짓궂은 바람에
표정도 날아갔다

새벽 공기에 젖 내음 풍기는
너의 사랑은 보랏빛
홀로 몸부림치는 그리움

시베리아 바람에 사형당한
마지막 향기 내뿜는
이별에 몸살 난 꽃
눈물꽃 내 사랑 보랏빛

친구야

친구야 말 좀 해봐
언제, 그 언제 내가 필요하니

친구야 내일모레
아니 글피 내가 필요하니
말 좀 해봐

아직 우정의 미완성이 있다면
후렴은 봄바람에 부탁해 봐

어제도 그제도 그립던 친구야
잔물결로 보내는 박수

늘 봄이고 고향 같은 친구야
행여 언제 어느 때 내가 밉거든
말 좀 해줘

세상이 바싹 말라버려도
눈에서 가슴으로 스며드는
우정의 커피 한 잔 어떤가

나팔꽃

이슬 맞으며
사랑으로 피는 너
온종일 싱글벙글 벙그러지네

다소곳이
애교떨며 오르는
가녀린 보랏빛 연정
애틋한 사랑으로 햇살 타고 오르네

오늘은
사랑하는 님 만나려나
바람결에 두근두근
그리움의 촉수 밀어 올리네

꿈꾸듯 지나간 시간

평생 길을 잃은 바람처럼
누군가를 원망하고
허우적거리며 살았다

웃음을 잃고
송곳 한 끗 들어갈 곳 없이
서러운 눈물에 젖어 몸부림쳤다

멍든 마음의 상처
회한의 눈물 자국만 남았고
이별의 손짓만이 있을 뿐이다

어둠이 재촉하는 건
비틀거리던 그 밤의 빗소리뿐
끝내 아버지는 말없이 가버렸다

이젠 아무도 없다
하얀 그림자도 안 보이게
곤하게 잠들어야 하는 시간

상상은 자유

또로롱
스마트폰이 울린다
누군가 나의 애청곡 한 곡을 선물했다
들을 때마다 울컥하는 가슴 설레는 노래다
모르는 닉네임으로 보내온 노래
누구일까
종일토록 듣고 또 들었다
내 카뮈룸을 친구공개로 해 놓았기에
별의별 상상을 다 했다, 혹시
나를 흠모해 누군가 보낸 것일 거야
강아지와의 산책길에도
저녁 식사 준비 하면서도 들었다
나의 소녀 같은 설렘은
그리 오래가지 않았다
아들이 숟가락을 들며 미소 띤 얼굴로 물었다
엄마 그 노래 누가 보냈는지 알아요
몰라 내가 엄청 좋아하는 노래인데
누가 보냈는지 참 신기하구나
순간 아들의 귀에 걸린 입꼬리를 보고 말았다

내가 엄마 좋아할 줄 알고 보냈어요
화끈한 얼굴, 쿵 내려앉는 심장
민망함과 서운함이 온몸에 파도친다
상상은 자유라지만
몇 년 만에 느껴보는 설렘이었는데
나는 밤새 푸른 풀밭을 뒹굴었다

흔들리지 않는 사랑

커피잔 속에 흐려진 태양
하늘빛에 물든 나뭇잎 하나
못 잊어 몸부림친다

한 모금 헤이즐럿 향 입맞춤으로도
물든 사랑은 위태롭다

그립다고 먼 길만 바라보다
무너진 가슴처럼 위태롭다

바람에 들키지 말고
뒤돌아보지 말고 가라

흔들리지 않고
똑바로 가다 보면
내 사랑도 다시 찾아올까

4부. 이별의 이중성

또 하나의 계절
외할머니
7월에는
물들고 싶다
키 낮은 꽃 삶
하얀 그림자
몰랐네
담쟁이
나보다 앞서 떠난 바람아
첫눈
이별의 이중성
봄 햇살처럼
빗금으로 젖는다
별 하나의 슬픔
유혹의 피리 소리

또 하나의 계절

휘청거리는 기억 저편에는
포말을 일으키는 망각의 강이 흐르고
꽃잎이 물들며 잔주름만 늘어간다

기다림의 눈망울로 살았기에
잊혀야 할 애증의 강 건너 등불은 기약없다
사랑은 원망과 후회로 물들고 말았다

땅을 치는 갈증의 소용돌이 속에서
노을 없는 하루가 실타래처럼 엉켜
하늘도 뜬눈으로 기다리며 살았다

비틀거리는 몸뚱이로 둥지를 트는 새
사랑의 환희와 비애를 뼛속 깊이 남긴 눈물
언제까지 달빛만 보며 살아야 하는지

계절 없이 물들게 한 것도 너였고
늘 먼 길만 바라보게 한 것도 너였고
끝끝내 하얗게 물들게 한 것도 너였다

언제나 너를 원망하기보다는
하염없이 쏟아지는 빗물로 살며
모든 잘못은 나에게 있다고 생각하며 살았다
또 하나의 계절은 바보처럼 살았다

외할머니

달걀 한 개 찬장 속에
언제나 숨겨놓은 외할머니
그렇게 큰 외손녀를 돌보느라
엉망으로 늙은 그 손을
이제야 알게 되었습니다

화롯불에 구워주신 임연수
들기름에 볶은 무장아찌
강된장에 호박잎 쌈
아직도 그 맛을 잊지 못해
하늘 바라보면 꽃구름 적삼 두른
외할머니가 손짓을 합니다

어제도 오늘도 댓돌에 앉아
냉잇국 끓여놓고 가족을 기다릴
외할머니가 그립습니다
할머니! 할머니!
목 놓아 불러봅니다

7월에는

7월의 해는 작렬하고
빗장 풀어 바람길 트니
청포도 알알이 탱탱하다

손톱에 봉숭아 꽃물 들이니
초승달이 무안한 듯
그리움만 붉게 스며든다

해 떨어진 냇가에는
밤바람이 달빛 기억을 흐리고
지울 수 없는 희디흰 미소만 하염없다

숨 막히는 그리움
그윽한 달빛으로 더하는데
강물 속에 깜박이는 별들은 말 없다

7월에는
이별한 연인들이 별이 된 듯
밤하늘은 잠시 서먹하지만
사랑은 눈물 속에 반짝인다

물들고 싶다

여기가 하늘인지
저기가 호수인지

자연이 익어가는 계절
가을이 오면

한 마리의 작은 새가 되어
물들고 싶다

이대로
마른 잎에 누워

가을과 함께
물들고 싶다

키 낮은 꽃 삶

이팔청춘 시절엔
글라디올러스, 해바라기
담쟁이 넝쿨과 재크의 콩나무처럼
하늘 끝까지 오르던 야망

세속에 물든 중년이 되고 보니
제비꽃 삶이 행복임을 알았다

높이 떠 있던 시선
겸손한 너의 눈빛
한 무릎 낮추니
보랏빛 새초롬한 네 모습 보인다

바람 타는 모난 마음
키 낮은 네 앞에 조용히 무릎 꿇는다

하얀 그림자

사랑을 잃은
하얀 그림자
길 잃은 영혼이
춤추는 불 꺼진 창
연신 얼굴 없는 바람이
노크를 한다
외롭다
까맣게 외롭다
뼛속까지 외롭다
걸레가 된 입술만 남았다
배신의 꽃
천천히 죽어 가야 하는 꽃
계절도 모르고 피었다가
뿌리째 죽어가야 하는 그 꽃
무너진 가슴
저주의 몸부림
빗장을 풀어 헤친다
노을이 붉다

몰랐네

달님도 별님도 몰랐네
하얀 나비가 봄비 맞으며
꽃구름 속에 지은 집
흘러가는 강물도 몰랐네

그윽한 꽃향기가
기억 속에 출렁인다는 것을
봄바람도 몰랐네

울컥하는 그리움이
꽃구름 되었다가
눈물비가 된다는 것을
아 꽃구름도 몰랐네

반짝이는 강물만 바라보다가
눈물 속에 핀 그 꽃
그 누구도 몰랐네

담쟁이

지붕 위에 하늘
누군가 손 내밀어 줄 것 같아
오르고 또 오른다
위태로운 절벽이 다 눈물인데
눈물 없이 살아야 한다고
오늘도 갈지자로 오른다

하늘 가린 지붕 위에
누군가 손 내밀어 줄 것 같아
그 사랑 만나보려고
가시 손으로 오른다

하루라도 사랑으로 살고파
두려움을 떨쳐 보지만
눈 없는 바람마저 고통이라
몸부림으로 오른다

한발 한발
하늘을 속이며
바람을 벗 삼아 오른다

다 오르기 전
익은 바람에
마른 잎 하나 웃는다

나보다 앞서 떠난 바람아

살다 살다
괴물과 싸우다 괴물이 된 세상
나보다 앞서 떠난 바람아
밤하늘 별들의 반짝임에
눈물 흘리지는 말자
이 세상 손 놓을 때
품 안에 그대 울음소리
강물에 별들이 다 잠들었어도
몸부림치지는 말자
어쩌다 마른 강기슭에
다리에 철심 박은
물새 한 마리 외발로 서 있거든
나는 그대임을 깨쳐서 운다

한 많은 세상 살다 살다
나보다 앞서 떠난 바람아
밤하늘 별들의 반짝임에
눈물 흘리지는 말자

첫눈

잠잠하던 하늘
문득
순백의 솜털이
잿빛 허공에 나부낀다
하얀 벚꽃잎인가
향기마저 폴폴 나네
설렘과 떨림의 송이가
두근거리는 가슴 위로 조용히 내린다
메마른 대지의 갈증에
하늘이 선물하는 목축임
큰 입 벌려 받아 삼킨 솜사탕은
촉촉하고 환한 웃음으로 화답한다
감사는 허공에 공손하게 머무르고
소복이 인사하는 너는
올겨울 내게 온 첫 손님이다

이별의 이중성

풍장을 허물던 바람
풍습에 따라 허공 너머로 떠났다
새벽 사잇길을 비집으며
여린 풀잎들이 눕고
서둘러 투명한 이슬 같은 꽃잎들
길바닥에 수도 없이 깔려
어미를 잃어버린 듯 을씨년스럽다
밤새워, 그리움을 쏟던
얼어붙은 눈물
고드름처럼 툭툭 가슴 위에 부려져
내 눈을 빠져나가던 비 젖은 골목에
결별의 가로수들을 세운다
머물렀다 사라지는 가슴 아픈 것들
바람에 제 운명을 맡기는
민들레 홀씨처럼 미련 없이
그대로 떠날 수 있으면 좋겠다
그냥, 눈먼 채
네게 달려갔으면 좋겠다

못다 한 연정이
잡아끌고 가는 흔적일랑
이별 뒤에 훗날
또 다른 해후가 되었으면 좋겠다

봄 햇살처럼

가슴 절절한 오른쪽 사랑
그대가 내 왼쪽에 남아있어요

봄 햇살로 다가와
사랑의 밀어를 주고받던
라일락 향기 내 곁에 남아있어요

봄 햇살처럼
사랑의 울렁증에 멀미하던
그대가 줄넘기를 계속 돌리고 있네요

봄 햇살처럼
그대가 내 곁을 떠나지 못하는 것은
못다 한 사랑 감싸고 있기 때문인가요

빗금으로 젖는다

추적이는 봄비에
혼미해진 가슴속
빗금으로 젖는 순간
눈 감아보니
다시 살아 오르는 아픈 기억들
허공에서 떨고 있다
범람하는 침묵의 강
추적이는 봄비는 자꾸만
가로등 불빛에 회초리를 든다
오늘 밤은 영혼까지 길을 잃어
또렷하게 영근 눈물뿐
기다림은 없다

별 하나의 슬픔

밤하늘에 뜬 눈으로 떠 있는 별 하나
바람이 된 슬픔을 나 하나의 그리움이라고
어머니께 말하고 싶네

잠 못 이루는 그리움을
그것도 내 사랑이라고 헛손질하며
별 향해 말하고 싶네

스스로 숨이 막혀 만개한
백합처럼 오늘을 살았네
뒤돌아보며 손짓하는
어머니가 그리워 우두커니 살았네

얼굴 없는 바람아
먼지를 일으켜다오
기억조차 없는 불효까지
용서 빌게 해다오

바람처럼 스친 어머니
산허리를 돌고 도는
구름같이 떠도는 큰딸
이제야 하늘을 보았네
별 하나의 슬픔을 보았네

유혹의 피리 소리

온종일 손짓하는 유혹
단 한 건도 이겨내지 못한다
오늘도 어제와 마찬가지로
운동 안 하고
종일 많이 먹고
무거운 몸 잠자리에 뉘고서야
후회를 거듭하고 있다
작심삼일이 피리를 분다
오늘 밤엔 잘 하리라 결심해도
다음날 아침 되면 까맣게 잊는다
온종일 꿈속의 유혹인 양 착각하고
또 내일부터 잘 하겠다고 결심한다
다람쥐도 아닌 나
어쩌다가 쳇바퀴 인생이 되었을까
쳇바퀴도 무거운지 삐걱거린다
아이고 통제 안 되는 자율신경

5부. 가을 유서

이순에 순의 변수
산수유
봄은 왔는데
입추
주름뿐인 강물
나
숨겨진 너
눈물꽃
가을 유서
비 지나간 자리
가시만 남은 장미꽃
겨울이 오기 전에
비상 걸린 가슴
사랑받고 싶어서

이순에 순의 변수

이순의 나이 되니
좋아하는 색깔에도 변수가 있다
흰 백합이 좋았는데
붉은 장미가 좋아지고
차가운 맑은 생수가 좋았는데
약초 넣고 끓인 붉은색 따뜻한 물이 좋아지고
온갖 초목이 소생하는 연둣빛 봄이 좋았는데
갱년기 붉은 낙엽 지는 가을이 좋아지더이다
나는 오늘
빨간색 원피스 차려입고
단풍잎 지는 공원에 앉아
오만가지 변덕스러운 마음까지 들킬까 봐
카멜레온인 양
떨어지는 낙엽에 몸을 맡깁니다

이순의 나이 되니
변하지 않는 건
아직도 동물 같은 왕성한 식욕뿐

산수유

개방정 웃음에
빈혈이 난다

여기저기 폭죽처럼
온통 노랗게 터진다

꽃잎 지고 나니
뒷모습만 외롭구나

봄바람 스친 가지마다
알알이 붉은 옛사랑의 흔적

봄은 왔는데

봄바람에
강아지 꼬리도 살랑살랑
화담수에 젖은 꽃봉오리
달빛에 열어 볼까

떠나간 임 소식에
내려앉은 가슴
노을은 우는데
꽃잎은 웃는다

봄은 하룻밤에
꽃잎을 향기로 피웠는데
한숨짓는 소리에
다 지고 말았다

봄은 왔는데
다 허사로다
먼 산 그리움은
아직도 아득한 설원이다

입추

24절기의 열세 번째
대서와 처서의 사이 입추
말복 보다 먼저 오는 혼돈
청포도가 그리움으로
새콤달콤하게 익어 가노라면
나는 미칠 듯한 외로움으로
푸릇푸릇 멍든 채 야위어 간다
목마른 그리움이
눈물 마른 외로움으로
시려 오는 계절을 건드리고 있다
풍년으로 나락이 여물어 가면
내 가슴속의 상처도 아물까
"우리가 있잖아요"
남은 여덟 마리의 강아지가 멍멍멍
다섯 마리의 고양이는 야옹야옹
슬쩍 내 눈치를 본다

주름뿐인 강물

벼락 맞은 심장에
빨간 대못 박히더니
까맣게 그을었다
산은 물빛이 좋아
온종일 강물 위를 노닐고
바람 불 때마다
물주름을 일으킨다
산빛과 물빛은 이별이 없다
종종 바람에 일그러지지만
언제나 그리움 하나로
애절한 주름을 일으킬 뿐이다
오늘도 빈 가슴속에
고뇌의 파도가 몸부림친다
훈풍에 일렁이는 강이다
지금까지 물빛으로 살았지만
마음의 빛깔도 서로 다르다는 것을
머리칼을 하얗게 물들이는
망설임에 배웠다

쪼그리고 앉아 기도한다
애절한 눈빛으로
잔잔하던 강물이
물주름을 일으킨다

나

꿈이 있어
별님을 좋아했어요

예쁘고 싶어
빨간 장미꽃을 좋아했어요

동심으로 돌아가고 싶어
하얀 눈을 좋아했어요

지난 추억에 젖고 싶어
이슬비를 좋아했어요

멀어진 사랑에
눈시울 젖는 구름 같은 여자

외로움에 지새우다 어디론가
떠나고 싶은 바람 같은 여자

한밤중에 세상을 내려다보며
시름에 젖어 우는 달님 같은 여자

모든 것이 안타까워
바라볼 수 없는 해님 같은 여자

나는 변덕쟁이 수다쟁이 삐지기쟁이
카멜레온인 양 몸 빛깔 수시로 바꾸는

숨겨진 너

수묵화 속에 숨겨진 너
흰 눈 속 신음마저
허기진 칼바람에 눈을 감았지
겨우내 눈꽃으로 신음하던 아픔
마른 가지처럼 울고 있는 너는
칼바람에 야윈 채
아직도 뜨거운 눈빛 만은 여전하다
돌아서면 사라지고 말
희디흰 잔설 같은 너를 갖고 싶다
오늘도 너의 울음에 침묵하지만
토르소 된 내 마음
마지막 눈꽃이 되어 네 곁을 스친다
기다리다 새순의 눈물로
너를 반기리라
숨겨진 너를 만나리라

눈물꽃

핑 도는 눈물꽃
안갯속에 피었다가
흐려진 채 진다

아지랑이처럼 온종일
가물거리는 얼굴

목마른 그림자만
고개 숙인 채 그대로다

눈물꽃으로 핀 그리움은
머물지 못한 구름인가

갈바람 자고 간 나뭇가지
잊은 듯이 뒤돌아보니

눈물 속에 피는 꽃 한 송이
흐려진 채 잠이 든다

가을 유서

일상이 사계절로 늙어간다
풍만한 모습으로 녹색 웃음 웃던 여름
매미 울음소리 사라지니
삶의 각질 한 잎 두 잎 떨어진다
중복되는 귀뚜라미 울음소리
더 붉은 가을을 맞이한다
가을바람 불어오니
열매는 여물고 나뭇잎 마른 미소로
밤새 외로움에 통곡의 절벽에 서면
뜻 모를 언어들이 구르는 마른 잎
궁상맞은 유령이 된다
시린 뼛속 옹이마다
빼곡히 스며드는 회한
멍한 마음에 후회의 벽을 쌓아
사랑을 가슴에 물들이지 못했기에
외롭게 늙어가는 자신을 야유한다
집 앞 전봇대는 늘 일인 시위
왜 바보같이 그따위로 사느냐며
눈싸움을 건다

백세시대라지만 밤새 안녕할 수도
온몸에 가득 차오르는 늙음의 두려움
이 세상에 태어나 내가 한 짓은
두 점 혈육과
열두 마리의 병 든 유기견과
다섯 마리 길고양이 거둔 것뿐
어머니 영정 사진에 눈길이 자주 간다
누구나 다 오고 가는 것
가을 낙엽의 유서를 보며
시인은 시집을 유서로 남긴다

비 지나간 자리

비 오는 소리에
울컥 끓어 넘치는 눈물
가슴에 송알송알 맺힌다

신기루 같은 아련함 뒤에
이내 자리 잡는 공허감

녹초가 된 마음
벼락에 충격받고
번개에 상처받은 눅눅한 생각이다

이 비를 끝으로
눈물을 거두어 주기를

문밖을 나가 보니
비는 지나가고
희망으로 솟아 오른 햇살
맑음이 환하게 웃고 있다

가시만 남은 장미꽃

내 사랑은
홀로 피는 장미꽃
가슴에 불을 지르고
붉게 물들어 가는 꽃잎은
바람만이 당신이란 걸 알고 있네
나는 온몸에 가시만 남은 장미꽃
목마른 눈빛은 당신만을 기다리네
언제나 당신에게 눈멀어
한 잎 두 잎 꽃잎만 피우고
한밤을 불태우며 홀로 지새웠네
이제 그리움의 순간들은
한 잎 두 잎 가슴에 쌓이고
타는 입술만 남았네
갈 바람 소리에
눈물만이 하염없는 내 사랑아
나는 당신만을 기다리는
온몸에 가시만 남은 장미꽃이네
고통 없는 사랑이 어디 있으랴
부는 바람에 몸 떨며
당신만을 기다리는 아픔이네

겨울이 오기 전에

결실과 조락의 계절이다
귓가에 스쳐 가는 갈바람 소리
오선지에 그리면 노래가 되고
원고지에 옮기면 감성 시가 된다

머지않아 자연의 빛깔 고운 옷
다 벗어젖히는 그 날이 오면
산사의 풍경 소리도
모든 거 내려놓고 침잠에 들 거다

나목의 계절이 오기 전
친정어머니가 좋아하는 코스모스꽃
가녀린 바람에도 팔랑거리는 꽃
액자에 담아 두고 싶다

비행소년 소녀가 된 낙엽
길바닥에 누워 바스락대는 신음소리
안타까워 눈인사라도 해주고
노란 손수건 흔들어 주고 싶다

풍요로운 인정을 실어 나르는 계절
가을이 가고 겨울이 오기 전에
사소한 것들에게도 의미를 부여해
가슴에 남을 고운 사연 소복이 쌓아 두리라

비상 걸린 가슴

화 난 가슴에 비상 걸렸다
사랑받지 못한 열등감 때문에 더 화 난다
애절한 시를 암송하지 못해서 화 나고
사랑의 배가 고파서 화 난다
화가 난다는 것은 나를 이기지 못하는 까닭
그렇다고 엉뚱한 곳에 화풀이하지 못하니
눈물이 나면 소리 내어 울고
욕하고 싶으면 목청 껏 소리 지른다
내게도 장성한 아들딸이 있기에
언제 어디서 누군가 지켜보고 있다는 걸 명심하지만
견딜 수 없어 가끔 한 번씩 후회할 짓을 한다
날 폄하한 사람의 흉도 보게 되고
괜히 심통 나서 안 하던 소심한 복수도 꿈꾼다
삼 년에 한 번씩 내 몸의 피돌기가 느려지기 때문일까
내 삶의 반은 선과 악으로 공존하기에
양심 없는 반쪽 가슴은 언제나 사막이다
늘 칼날 위를 걷는 듯한 불안하고 초조한 마음
평생 가슴에 쌓인 분노와 억눌린 감정이 활화산이다
지나가는 바람에 한 줌씩 나누어주며
잘 가라 실어 보내어도 언제 폭발할지 모른다

작은 물 방울이 모여 강을 이루듯
뜨거운 화가 모여 폭발할 활화산
바람에 식혀지면 다시 고운 사랑으로 움틀까
사랑꽃을 피우며 웃는 날 있을까
그 사랑, 옆자리는 따뜻하겠지

사랑받고 싶어서

사랑받고 싶어서
사랑하고 싶어서
꽃잎에 꽃술까지 달았다

가까이 다가가
입맞춤하려 하니
콧바람에 훅 꺼지는 바람꽃

얼마나 바라보고
얼마나 숨 참아야
얼지 않는 불꽃으로
타오를 수 있을까

눈물도 얼어 흐르지 않는 사랑
봄이 오면 제일 먼저 피는 꽃
하얗게 빨갛게 노랗게 물든 미소로
사랑꽃 한 송이 피었으면 좋겠다

6부. 아무것도 모르고 핀 꽃

피울 수 없는 바위꽃
하얀 사유
아무것도 모르고 핀 꽃
묘비명
원추리 꽃
매헌梅軒 윤봉길 의사
바람의 길
별빛 같은 사랑
바람꽃
수련
영혼의 분노
단풍 질렀네
불후의 명곡
몽돌
그림자의 운명

피울 수 없는 바위꽃

내 사랑은
피울 수 없는 바위꽃
사랑은 아픈 만큼 익어간다지만
세월 건너는 바람 소리 가슴에 스치고
물들어 가는 나뭇잎은
돌아올 이별을 예감하듯 떨고 있다

내 사랑은 어디로 가고
가을빛에 마른 빈 가슴만
바스락바스락 야위어만 간다

그리움 머금은 눈빛으로
배회하던 목마른 아쉬움
탈곡된 마음은 가슴 속에 남아
한들거리는 코스모스 몸짓에
연정 깊게 드리운다

지난 세월에 묻어 둔 사연들은
한 잎 두 잎 낙엽 되어 쌓이고
홀로 품은 그리움은

빛바랜 멍에 되어
소용돌이친다

애꿎은 갈바람 소리에
눈물만 고이는 내 사랑은
피울 수 없는 바위꽃

하얀 사유

어찌 지나간 일을
괴로워하고 슬퍼만 하리
물은 이미 흘러갔고
흘러간 물을 쫓아갈 필요는 없지

과거의 권한과 싸움만 안 하고
욕심을 조금 내려놓으면
누구나 훨씬 더 행복하게 살 수 있는데
화를 부르는 미련한 집착
이 밤 하얗게 사유하며 내려놓는다

아무것도 모르고 핀 꽃

노랑나비 흰나비가
꽃구름 속에 지은 집
달과 별도 몰랐다
아무도 몰랐다
꽃잎은 예전처럼 물들고
그때 그 바람은
기억 속을 더듬는다
가끔 울컥하는 그리움은
꽃구름이었다가 더운 비가 되고
괜스레 고개 숙인 가로등은
제 발등만 더듬는다
뒤만 돌아보다가 핀 꽃
아무것도 모르고 핀 그 꽃
바로 나

묘비명

가을바람에
마른 잎이 속삭이며 굴러간다
시린 바람은
온갖 사연을 모아
추억의 이부자리 만든다
계절의 순리 따라 몸을 뉘고
말을 잃은 너의 묘비명
낙엽, 고이 잠들다

원추리 꽃

신의 감시를 피해
단, 하루만 피는 너
시름에 지치고
근심 걱정 많은 이들을 위해
하루만 피었다 지는 너
짧은 제 운명 한탄할 사이도 없이
눈물 한 방울 흘리며 운명하는 너
기대 섞인 바람은 욕심을 낳기에
필연의 연에 중심을 두고
질긴 고리의 흔적만 남긴다
먹먹한 가슴 한 귀퉁이에 추억 남기고
희소식 기다리는 마음으로
날마다 새로 피고 지는 너
고운 향기는 영원하리라
너의 존재감이 바로 나이기에

매헌梅軒 윤봉길 의사

뒤돌아보며 피는 꽃처럼
님은 갔습니다
오늘도 여전히 도시락 폭탄을 가슴에 품고
원수를 찾아 싸리문을 나서리라
하늘의 별은 반짝입니다

너는 조국이 무엇인지 아느냐
너는 동포가 누구인지 아느냐
대한민국 하늘 아래
늘 푸른 소나무처럼
오늘도 우리 가슴을 물들입니다

님의 영혼은 잠들 수 없어
세상에 향기로운 매화 향기 퍼뜨리며
어제는 상하이 홍구공원에서
내일은 또 다른 조국의 원수를 찾아
싸리문을 나서리라

마지막 두 아들에게 남긴 편지가
강물 되어 조국의 산허리를
유유히 돌고 돌아갑니다

우리 조국의 영원한 등불
그 이름도 거룩한 윤봉길 의사시여
아 오늘도 뜨거운 가슴으로
만세삼창을 외쳐봅니다

바람의 길

아장아장 기저귀
양탄자길 시작으로
푸른 잔디밭 길
장대비 쏟아지는 신작로
단풍잎 덮인 자갈 길
흰 눈 쌓인 동토(凍土) 길
쉼 없이 걸어간다
어디까지 가야 하는지
언제까지 가야 하는지
무엇을 얻기 위해 가는지
끝없이 이어진 길
멈출 수 없는 발길
때로는 뒤돌아 주저앉고 싶지만
어차피 가야 할 길이라면
덧없는 세월 뒤돌아 보지 말고
왜 가야 하는지 묻지도 말고
이 길 따라 끝없이 가보리라
꼭짓점도 보이지 않는
흙먼지뿐인 바람의 길
신기루처럼 일렁이는 이 길
하염없이 가보리라

별빛 같은 사랑

전설 속의 너처럼
별빛 같은 사랑을 꽃피워 본다
작은 꽃송이마다
그리움 가득 담은 채
색색의 고운 옷 갈아입고
봉긋이 얼굴 내민 너
무엇이 안타까워 잠 못 들까
누구를 기다리느라 치장만 할까
붉은 꽃잎엔 사랑을 담고
노란 꽃잎엔 행복을 담고
하얀 꽃잎엔 기쁨을 담아서
우리 임에게 보내볼까
전설 속의 너처럼
별빛 같은 사랑을 꿈꾸어 본다

바람꽃

삼 년 고개 스무 번 굴러온 햇살
보톡스가 필요하겠지만
한허리 꺾인 더위에
더욱 주름 깊어집니다
고개 숙인 해바라기
쭈그러진 포도송이
반갑다 친구들아
아득한 절벽 끝에
벙그러진 바람꽃 한 송이
밤새워 꽃잎 헤아릴 수 없거든
나이 자랑은 하지 마세요

수련

참 사랑이다
한여름
물빛 머금고 연못을 아우르다
며칠 후 회귀한다
고요히 기도하는 자세로 서서
아름답게 피었다가 쓸쓸히 지는 사랑
오늘도 아프게 지는 모습 감추지 못하고
쓸쓸한 뒷모습 보이는구나
그리움 묻어둔 공명의 시간
가늠할 수 없는 깊은 수심에
눈물에 젖지 않고
얼룩에 물들지 않는
물빛 그리움으로 온몸 내어 주고
더운 눈물 바람에 사라져 가는
참 사랑이다

영혼의 분노

긴 세월 동안
말 못 할 사연들
높은 하늘 먹장구름 위에
꼭꼭 숨겨 놓았다
기구한 사연이 무거웠는지
갈등과 아픔이 국지성 호우로 쏟아져 내린다
무작정 흘려버리는 먹장구름에게
끝내 내 아픈 비밀은 숨긴 채
온갖 쓰레기 다 치워 달라고 빌었다
회개 못한 분노는 고드름으로 자라고
참회한 눈물은 빛나는 아침 햇살로
정다운 이들의 푸른 하늘에
뭉게구름 되어 떠 있다
자물쇠도 없는 나의 먹장구름
그동안 고마웠다, 안녕
앞으로는 새털구름 되어
내 영혼의 분노 잊고 살아갈게

단풍 질렀네

어머니의 고된 시집살이
한 세상 가슴속에 갇혔던
침울한 마음 새벽녘,
아궁이 불 지피다가
팍 터져 나온 화
온산으로 옮겨붙어
붉게 붉게 물드니
예쁘게 단풍 질렀네

불후의 명곡

삶의 마침표를 찍는 순간
진정 이름 모를 별 하나로
사라지고 마는 걸까
마리아의 영원한 미소처럼
자애롭진 않아도
거리의 무연고 여인처럼
고독하지 않기를 소망한다
더러는 사랑을 받지 못해
전전긍긍 살아온 날들
갈등과 우울로 그림자도 없이 살았기에
물든 잎처럼 몸부림만 있었나 보다
아직껏 바람의 딸로 아등바등 살았는데
곧 다가올 또 하나의 계절
진정 어떤 모습일까
소나무 같을까
단풍나무 같을까
계절 없는 세상을 물들이지 못한 여자
부스스한 모습 감추려고
겹겹이 두꺼운 화장을 한 여인으로 살았나 보다

엄마의 계절은 언제나 가을이다
마지막 한 잎까지 물들여야 한다
주인 없는 바람의 노래
불후의 명곡이다

몽돌

오늘도 강바닥에 누워
하늘만 바라보는 너
인연의 물결이 수 만리 흘러가도
한 방울도 뒤돌아 흐르지 않는다

멋대로 물결치게 하는
성도 이름도 모르는
바람에 출렁인다
파도는 게거품을 물고
그 사랑의 진실도 다 토하라고
먹바위를 치댄다

얼마나 더 굴러야 할까
사랑을 잃어버린 나는
오늘도 몇 미터를 더 굴러야 할까
자갈 거리며
점점 둥글게 몸부림친다

몇 개의 폭포를 투신해서
그대에 갈 수 있을까
오늘도 바람결에 물결 타고
구르고 또 구른다

그림자의 운명

결별은 쉬운 일이 아니다
항상 그다음이 문제이고
또 얼마나 힘든 일인가
애틋한 미소와 빛나는 눈동자
애절한 그 목소리는
죽음만이 갈라놓는다
오랜 세월을 시간의 두께가 쌓여도
잊겠다는 의지 만으로는
너와 난 아직 완전하지 못하다
받아들이기에는 애틋한 미소와
또 하나의 그리움이 필요하다
어쩌면 둘이서 생각하고 있듯이
완전한 자유 의지는 아닌지 모른다
그러나 우리의 인연은 이제
그림자의 운명인 것이 분명하다
결별은 긴 시간이 흐를수록
지나가는 비처럼 이따금 추적이는 것
그래도 봄은 누구에게나 온다
봄은 이름 부르면 목숨 걸고 꽃 피운다
나는 그런 봄에 태어났고
그런 봄이 될 것이다

▎평설

트라우마 치유와 회복의 미학

– 박민정 시인, 시 세계의 울림

지은경 (시인 문학박사 문학평론가)

1.

시는 쓴다고 하지 않고 짓는다고 말한다. 집을 짓는다, 밥을 짓는다, 옷을 짓는다, 약을 짓는다, 농사를 짓는다, 등등 '~을 짓는다'는 속 깊은 뜻은 사람을 살리는 철학이 들어있다. 그러하니 시인들이 시를 짓는 것은 누군가를 치료해주는 특별한 힘을 생산해 내는 것이 된다. 시는 누군가 읽고 공감이 되어 상처를 치유 받기도 하는가 하면, 시인 자신이 시를 짓는 과정에서 치유를 받기도 한다. 일본의 상징주의 미술가 쿠사마 야요이는 자신의 작품 속에 관객을 끌어들여 직접 참여하게 하여 치유로 연결시킨다고 한다.

현대 심리학에서 예술의 미적 즐거움이 사람의 마음과 정신을 정화시키는 작용을 한다고 말한다. 예술이 정신적 정서적 치유에 큰 효과를 발휘하며 내면의 갈등을 해소하는 작용이 삶에 긍정적 영향을 미친다는 것이다. 현대 사회에서 시가 치유 효과면에서 크게 주목을 받고 있으며 우리의 마음 건강에 미치는 영향이 지대하다는 연구 결과가 발표되어 있다. 시인이 시를 짓는 과정에서 자기 감정표현을 통해 스트레스가 해소되고 심리적 안정을 찾게 된다는 것이다.

박민정 시인이 제2시집 『바람을 노래하는 카나리아』를 상재한다. 시인은 등단 10년 차의 중견 시인이다. 시를 10년 이상 써왔다면 체험적 의식의 흐름이 언어를 통해 자신의 시 세계를 구축해 왔다고 할 수 있다. 어떤 전문적인 심리학자도 인간에 대해섣불리 규정하지 않는다. 단지 어떤 사람은 어떤 상황에서 왜 어떤 행동을 할 수밖에 없었는지 이해하려 노력할 뿐이다. 우리는 살아가면서 수많은 사람에게 배신의 충격을 받으며 실망을 한다. 그 과정에서 행동에 대해 성격이나 인격 혹은 능력이라고 말하는 것은 오류를 범하는 것이 된다고 말한다. 우리의 행동들은 매 순간 처한 입장과 상황과 상태에 따라 큰 영향을 받게 되므로 단순하게 어떤 심판을 내릴 수 없는 것이다.

박민정 시인은 유복한 가정에서 성장했다. 5년 1남의 맏딸로 태어난 시인은 맏딸이라는 중압감과 책임은 주어지면서 권한은 미약한 가정에서 자라게 된다. 아버지의 남존여비 사상은 딸에게 트라우마를 안겨주고 끝내 딸과의 갈등을 풀지 못하고 세상을 떠나게 된다. 시인은 시를 쓸 수밖에 없는 상황이 된다. 시인의 시를 살펴보며 그가 어떻게 상처를 받았으며 어떻게 스스로 해법을 풀어가고 있는지 밝혀 보기로 한다.

2.
오이디푸스는 그리스 신화에 나오는 인물이다. 테베의 왕 오이디푸스는 아버지를 아버지인 줄 모르고 살해하고 그 미망인인 어머니와 결혼한다. 당시 한 나라를 정복하면 패자의 아내는 정복자의 아내가 되는 것이 흔한 일이다. 오이디푸스 콤플렉스Oedipus complex란 말은 20세기 오스트리아의 중요 정신분석학자요 심리학자인 지그문트 프로이트(1856~1939)가 창시한 용어이다.

프로이트 이론에 의하면 남자아이는 어릴 때 어머니를 이성으로 생각하여 사랑을 갈구하며 집착하여 아버지의 자리를 차지하려 한다는 것이다. 그러나 자기보다 우월한 아버지에게 반항하면 남근을 거세당할 것이라는 두려움에 아버지를 증오하게 된다. 반대로 '엘렉트라 콤플렉스Electra complex'라는 말은 그리스 로마 신화에 나오는 아가멤논의 딸 엘렉트라에서 나온 말이다. 정신과 의사이며 무의식의 심리학자인 스위스의 칼 융(1875~1961)이 프로이트의 학설을 전개시킨 용어이다. 즉, 여자아이는 어릴 때 이성인 아버지를 본능적으로 흠모하고 집착하는 경향이 있다는 것이다.

  박민정 시인의 시에서 아버지와의 관계가 '엘렉트라 콤플렉스" 유형의 애착 형성에서 풀지 못한 부분들을 읽게 된다. 이 부분들을 예시에서 함께 보도록 한다.

    동구 밖
    느티나무 뒤에 숨어 우는 소리
    저 달 속에는
    아버지의 맏딸이 울고 있어요

    가을이 되면 홀로 뒹굴며 기다리는
    아무리 울어도 달빛만 흐리는 죄인
    무서리 내리는 새벽이면
    꿈속에서 악마에게 끌려가며
    외마디 비명을 지르는 딸은
    아버지를 불렀어요
    세월이 흘러도
    밤이면 그 느티나무에는
    변함없이 달이 뜨고 지는데
    무릎 꿇고 울고 있는 그림자 하나
    아직도 떨고 있어요
    아버지 눈동자는 언제나
    차디찬 도어 손잡이만 바라보고

출가외인이란 까마귀 울음소리 같은
형상만 남기고 가셨어요
달이 뜨는 밤마다 빼곡히 적은
아버지의 상상도 못할 꾸지람에
푸른 느티나무 이파리는 낙엽이 되고
오늘도 아버지가 남긴
오만가지 트집의 잔상들과
밤새도록 싸우다가 잠이 듭니다
마음 다친 몸은 고통을 참을 수 없어
사지가 후들거리고
자꾸만 구토가 나고
식은땀이 등줄기를 타고
주르륵 흘러내립니다
호환 마마보다도 더 무서운 오해
동생들 앞에서 싸늘하게 외면하는
아버지의 차가운 눈빛과 폭언
고장난 시계도 달래면 가는데
비록 제대로 된 시간이 아닐지라도
미소짓는 척이라도 해주시면 안 되나요

동구 밖
느티나무 뒤에 숨어 우는 소리
저 달 속에는
아버지의 맏딸이 울고 있어요

- 시「달은 뜨고 지는데」전문

    이 시는 42행의 비교적 긴 시이다. 화자의 아버지에 대한 기억은 딸을 대하는 태도가 참혹하리만큼 냉정하다 "아버지의 상상도 못할 꾸지람에/ 푸른 느티나무 이파리는 낙엽이 되고/ 오늘도 아버지가 남긴/ 오만가지 트집의 잔상들과/ 밤새도록 싸우다가 잠이" 드는 것이다. 아버지에게 인정받고 싶은 딸은 아버지가 매우 두렵다. 그 두려운 증세로 "마음 다친 몸은 고통을 참을 수 없어/ 사지가 후들거리고/ 자꾸만 구토가 나고/ 식은땀이 등줄기를 타고/ 주르륵 흘러" 내리며 호환마마보다도 무섭다고 고백한다. "동생들 앞에서 싸늘하게 외면하는/ 아버지의 차가운 눈빛과 폭언"에서 화자는 울음을 터트린다. 그러나 아버지 앞에서 울지 못하고 달을 통해 자신의 슬픔을 아버지에게 전하고 있다.

 현대 심리학에서 중요한 개념의 하나로 아이들의 발달과정에서 부모의 이해와 사랑이 단절되면 정서적으로 불안하고 부정적인 영향을 미치게 된다는 연구보고서에서 밝히고 있다. 발달심리학에서 성장기에 아버지의 관심과 사랑을 받지 못하면 자아정체성 형성에 영향을 주게 된다고 한다. 화자는 어두운 달밤 아버지의 미소를 간절히 기다리며 나무 뒤에 숨어서 울며 달을 통해 자신의 마음을 아버지를 향해 끊임없이 전하고 있다. 그러나 아버지의 반응은 감감 무소식이다. 이성적으로 생각하면 딸에게 관심을 주지 않는 아버지를 단념하거나 외면할 수도 있을 텐데 화자는 줄기차게 아버지의 애정을 갈구하면서 문제는 심화된다.

   불을 끄고 누워도
   잠 못 들게 하는 이 아버지
   환갑 나이 든 맏딸 심장에
   눈보라를 일으켜서 얼게 하는
   그림자까지 얼어붙게 하는
   한 번쯤 안 보면 잘 견뎌보리라
   몇 달째 무소식으로 보냈더니
   십 년 전에 찰떡같이 한 언약을
   쑥개떡같이 번복하는 아버지
   단 한 번뿐인 약속이라
   아버지의 허언에 저당 잡힌 세월

변절한 남동생의 멸시도 참으며
18년을 숨죽이고 살아왔는데
어느 누가 알아줄까, 차라리
일자무식 촌로라면 이해할 것을
공학박사 젠틀맨 아버지이기에
그것이 불행의 원인이다
꺼져가는 시간을 살리며
기억마저 비틀거리는 풀잎처럼 살아온 세월
얼음장보다 더 차가운 아버지는
끝끝내 맏딸을 평생 우울증 걸리게 했다
하루하루 한 맺힌 시를 쓰며
오장 육부 화를 토하듯
시 낭송을 하며 목숨을 연명했다, 이젠
미움과 저주의 불꽃이 펄럭거린다
녹슨 스위치라도 있다면 끄고 싶은데
아버지 그림자라도 밟을 것 같아
조심조심 소복에 산발한 채 산다

— 시「아버지」전문

 자식에게 아버지는 어떤 존재인가. 아버지는 임신과 출산을 한 어머니와 신체적 구조가 다르다. 열 달 동안 입덧의 고통을 겪으며 품어 출산한 어머니의 자애로움과 달리 아버지는 고지식하고 보수적이다. 화자의 아버지는 여느 아버지와 달리 화자에게 특히 엄하고 어렵고 마음 졸이게 하는 두려운 존재이다. 그런데 그 아버지는 "일자무식 촌로라면 이해할 것을/ 공학박사 젠틀맨 아버지이기에/ 그것이 불행의 원인"이라고 말하는 것에서 화자의 아버지는 무식한 촌로가 아닌 내로라하는 지식인이요 대학교수이다. 화자는 아버지가 배우지 못한 무식한 사람이라면 이해할 수 있겠는데 대한민국의 최고 지성인이기 때문에 더욱 이해할 수 없다. "불을 끄고 누워도/ 잠 못 들 게

하는 이 아버지/ 환갑 나이 든 맏딸 심장에/ 눈보라를 일으켜서 얼게 하는/ 그림자까지 얼어붙게 하는"에서 환갑이 된 딸에게 아버지는 얼음장 같은 분이었다. 그 아버지가 원망스러워 "몇 달째 무소식으로 보냈더니/ 십 년 전에 찰떡같이 한 언약을/ 쑥개떡같이 번복하는 아버지"였다는 것에서 아버지는 화자와의 약속도 무참히 지워버리는 사람임을 보게 된다. 화자는 차라리 아버지를 안 보면 살 것 같아 몇 달 소식 없이 보내기도 했다. 무슨 약속인지 시에 나타나 있지 않지만 화자의 가슴에 깊이 새기고 있는 것으로 보아 중요한 약속을 아버지가 져버린 것만은 확실해 보인다. 게다가 "변절한 남동생의 멸시"에서 남동생까지 아버지와 합세하여 누나의 마음을 헤집어 놓고 있으니 결국 "끝끝내 맏딸을 평생 우울증 걸리게" 됐다는 것에서 화자는 큰 병을 얻고 있다.

스물네 개 갈비뼈 사이사이마다
아버지의 그리움이 박혀있습니다
오장 육부가 까맣게 썩은 세월
이대로는 살 수가 없습니다
눈물은 녹물이 되어 미칠 것 같은
빛바랜 쳇바퀴 인생입니다
홀로 사는 아버지가 걱정되고
그립고 보고 싶어 애타는 마음
사는 곳만 바라보다가
못 견디게 원망스러워
나쁜 생각만 되뇌입니다
행여 아버지가 나를 버린 건 아닐까
내가 먼저 죽으면 울기나 할까
3년이나 문전 박대한 아버지
태어나서부터 10년간 떨어져 살아
아무리 맏딸이 정 없고 싫다 해도
이렇게까지 잔인할 수 있는지요

포장지만 세 번 바꾼 세월
양복을 가지고 법원에 찾아가
이젠 아버지를 고발하겠습니다

- 시 「아버지를 고발합니다」 전문

효라는 개념은 인간과 동물을 구별하는 행동 양식의 대표적인 모습이다. 효는 인륜의 근본으로 부모를 정성껏 섬기는 마음은 우리 전통문화이며 도덕의 중요성이기도 하다. 딸이 아버지를 고발한다는 시제에서 필자는 매우 충격과 당혹감을 감출 수 없다. 도대체 어떤 사연이 이토록 화자의 마음을 아프게 하여 법적 조치를 하겠다는 것일까. "스물네 개 갈비뼈 사이사이마다/ 아버지의 그리움이 박혀있습니다/ 오장 육부가 까맣게 썩은 세월/ 이대로는 살 수가 없습니다"에서 갈비뼈 하나하나 아버지에 대한 그리움이 각인되어있다는 것에서 화자의 그리움이 얼마나 큰 것인지 헤아리게 된다. 오장 육부가 까맣게 썩어 화자는 더 이상 살 수가 없어 죽음도 생각한다. "눈물은 녹물이 되어" 쓰리고 절통하다. "홀로 사는 아버지가 걱정되고/ 그립고 보고 싶어 애타는 마음/ 사는 곳만 바라보"는 것에서 모순점을 발견하게 된다. 화자의 마음을 까맣게 태운 잔인한 아버지를 향한 마음은 미움이 아닌 사랑을 갈구하는 애증인 것으로 표출되고 있다. "포장지만 세 번 바꾼 세월/ 양복을 가지고 법원에 찾아가/ 이젠 아버지를 고발"하겠다는 선전포고는 단지 역설일 뿐이지 진정 아버지가 미운 것은 아니다. 아버지가 딸의 마음을 외면하는 잔인한 아버지임을 세상에 고발하겠다는 것은 반어법으로 진정한 마음이 아닌 간절한 사랑의 구애인 것이다. 이 시에서 필자는 맹자의 성선설과 순자의 성악설을 생각하게 된다. 사람의 마음을 아프게 할 때 사람은 악한 마음을 품게 되고 사람의 마음을 따뜻하게 품어줄 때 선량한 마음을 품게도 된다는 것을 생각하게 된다.

누군가 나의 애청곡 한 곡을 선물했다
들을 때마다 울컥하는 가슴 설레는 노래다
모르는 닉네임으로 보내온 노래
누구일까
종일토록 듣고 또 들었다
내 카페룸을 친구공개로 해 놓았기에
별의별 상상을 다 했다, 혹시
나를 흠모해 누군가 보낸 것일 거야
강아지와의 산책길에도
저녁 식사 준비 하면서도 들었다
나의 소녀 같은 설렘은
그리 오래가지 않았다
아들이 숟가락을 들며 미소 띤 얼굴로 물었다
엄마 그 노래 누가 보냈는지 알아요
몰라 내가 엄청 좋아하는 노래인데
누가 보냈는지 참 신기하구나
순간 아들의 귀에 걸린 입꼬리를 보고 말았다

- 시 「상상은 자유」 부분

　힘들고 지쳤을 때 음악은 우리에게 얼마나 많은 위안이 되는가. 엉뚱한 상상력이 놀라운 말의 힘을 가져올 때가 있다. 시적 상상력은 창의성과 연결된다. 음악의 신 오르페우스는 그리스 신화에 나오는 시인이며 음악가이다. 오르페우스가 연주를 하면 산천초목과 맹수들도 감동을 했다고 한다. 화자는 어느 날 핸드폰으로 음악 한 곡을 선물 받는다. "강아지와 산책길에도/ 저녁 식사 준비를 하면서도" 그 곡을 하루 종일 들으며 마음의 위안을 받는다. "나를 흠모해 누군가 보낸 것"일 거라며 상상을 한다. 화자는 내가 좋아하는 노래를 어떻게 누가 알고 보낸 것일까 상상의 나래를 펴며 세로토닌, 토파민 호르몬이 분출된다. 저녁 식사시간에 아들이 말한다. "엄마 그 노래 누가 보냈는지 알아요/ 몰라 내가 엄청 좋아하는 노래인데/ 누가 보냈는지 참 신기하구나/ 아들의 씩 웃는 입꼬리가 올라간다"에서 화자의 상상의 꿈은 사라지며 깨어지고 만다. 속속들이 엄마의 마음을 아는 아들이 엄마가 좋아하는 노래를 선물 보낸 것이다. 엄마와 할아버지의 불화를 눈치챈 아들의 깜짝 선물에 북극 얼음장 같던 화자의 마음은 따뜻한 온기로 가득하다. 그러나 화자는 사랑하는 사람이, 화자를 흠모하는 사람이 보냈을 것이라는 마음을 들켜버린 엄마는 "순간 머리가 띵하고 얼굴이 화끈"해져 온다. 그러나 어쩌랴. 순수한 사랑, 순수한 마음은 감출 수 없는 법이다.

3.
시적 사실주의는 현실을 직시하며 삶의 조화를 결합하여 화해하려 시도한다. 예술의 사회화를 보면 대립하는 요소들을 중재하고자 하며 화합하려 노력하게 된다. 박 시인은 아버지와의 불화를 해소하려는 대응으로 유기견을 입양한다.

우리
예쁜 똥강아지들

병들어 버림받은 유기견
하나둘 입양해 한 가족 되었다
남들은 별거 아니라지만
내겐 귀중한 사랑둥이들
치료받다 무지개 동산으로 올라가
생각할수록 가슴 먹먹한
몰티즈 진이
몰티즈 레오
진돗개 진솔
시츄 복슬

보고 싶은 귀염둥이들
소리 죽여
부르다 부르다
꿈속에서도 불러본다
함께한 세월 정 깊다
다음 생애에도
다시 만날 수 있을까

우리
예쁜 똥강아지들

— 시「똥강아지들」전문

 현대인들은 마음속에 개 몇 마리 키우고 산다고 한다. 그것은 '편견'과 '선입견'이라고 하니 현대인의 허점을 찌르는 유머이기도 하며 웃자고 하는 말이기도 하다. 어쨌든 현대인은 반려견과 함께하는 사람들이 많다. 서울 410만 가구에 반려견이 60만 마리가 넘는단다. 20가구 중 3가구가 개를 키우고 있다는 얘기다. 화자는 타인이 키우다 싫증나 버린 유기견을 입양해 키우고 있다. 심리학은 인간의 마음과 행동을 연구하는 학문이다. 심리학자들은 인간의 모든 행동에는 동기가 있다는 이론으로 인간의 수많은 행위 중에서 충동적이고 비논리적인 행위로만 여겼던 행동들이 내적인 동기부여가 있다는 것을 밝히고 있다. 인간의 행동에는 여러 가지 요인이 있지만 심리학을 연구하는 것은 관찰과 실험을 통해 원인을 알면 좋은 결과를 기대할 수 있다는 점에서 더 나은 삶을 살기 위한 방법을 찾는 데 도움이 되기도 한다. 화자는 버려진 유기견 여럿을 입양해 반려견으로 키운다. 반려견도 멀쩡하고 정상적인 동물이 아닌 버려진 유기견이라는 것을 주의 깊게 관찰하게 된다. 그 행위는 아버지와 관련 있기 때문이다. 화자는 자신이 아버지에게서 버림받았다고 생각한다. 그 심리적

박탈감과 쓸쓸함과 허기증이 유기견에게 시선을 돌릴 수밖에 없었을 것으로 유추를 하게 된다. "불쌍한 아이들/ 소리 죽여/ 부르다 부르다/ 꿈속에서도 불러본다// 버려진 고아와 다름없는 아이들 데려다/ 씻기고 먹이고/ 병원에 데려가 치료"해 주는 것에서 자신의 아픔과 유기견의 아픔을 동일화하고 있다. 그 유기견에 대한 동정심과 연민이 불쌍함으로 멈추는 것이 아니라 데려다가 먹이고 치료해주고 사랑을 현실로 실현화한다는 것에서 화자의 의미를 발견하게 된다.

럭셔리 애견 미용 숍 20년 이용했다
열두 마리 유기견을 돌보며 살아온 청춘
우리 모녀는 미용실도 자제하고
긴 머리 질끈 동여매고 검소하게 살았다
사룟값과 병원비가 만만치 않으니
수만 원 하는 미용비라도 아끼고 싶지만
집에서 하면 혹시 살점이라도 베일까 봐
비싼 애견 미용 숍을 고집했었다
그동안 네 마리는 무지개 동산에 올라갔지만
미용비가 마리 당 또 오천 원 인상되니
여덟 마리 생계비에 가슴이 무너져
얼마 전에 공포의 미용기를 구입했다
모녀는 바들바들 떨면서
한 마리 두 마리 털과 발톱을 깎았다
어느 사이 수준급 미용사가 되었다
애견 미용사 자격증은 없는 모녀지만
번갈아 가면서 미용을 한다
스르륵스르륵 기계 소리 지나가는 행복감
오늘도 강아지는 끙끙거리고 꼬리 치며
"고맙습니다" 온몸으로 인사한다
나는 강아지의 마음 아는 엄마 미용사
우리 모녀는 무면허 미용사

― 시 「무면허 미용사」 전문

 맹자의 사단설四端說에 측은지심惻隱之心이란 말이 있다. 측은지심은 타인의 고통이나 불행을 보고 불쌍하게 여기는 마음이다. 화자는 유기견을 28여 년 부양하며 그 아픔을 공감하여 돌보며 살아온 일상이다. "럭셔리 애견 미용 숍 20년 이용했다/ 열두 마리 유기견을 돌보며 살아온 청춘"이라고 한 것에서 그의 일생의 반려견은 많은 부분을 차지하고 있음을 본다. "우리 모녀는 미용실도 자제하고/ 긴 머리 질끈 동여매고 검소하게 살았다/ 사룟값과 병원비가 만만치" 않다는 것에서 그들의 일상의 경제적인 많은 부분을 할애하고 있다는 것을 알 수 있다. " 네 마리는 무지개 동산에 올라갔지만/ 미용비가 마리 당 또 오천 원 인상되니/ 여덟 마리 생계비에 가슴이 무너져/ 얼마 전에 공포의 미용기를 구입"해서 직접 손톱 발톱을 깎아주고 털도 다듬어준다. 네 마리가 무지개 동산에 갔다는 것에서 죽은 유기견의 처리도 성심껏 처리하고 있음을 알 수 있다. 화자는 유기견의 모든 것을 사랑으로 처리해 주는 대모이자 천사이다. 세상에서 버려진다는 것은 인간이나 동물에게나 커다란 충격이며 쓸쓸함이다. 그 슬픔은 정신적인 방황으로 이어져 쓰라린 눈물과 피폐함은 두려움으로 이어져 생명을 연장할 수 없게도 만든다. 화자는 토사구팽당한 유기견을 가족으로 받아들여 보살피고 키우며 그들에게서 아무것도 바라지 않는다. 한 생명이 버려진다는 것을 묵인할 수 없어 아무런 이해관계없이 순순한 시인의 마음으로 수용하는 측은지심을 발휘하는 것이다.

   아버지 없는 하늘
   흐린 채 말이 없습니다
   아무렇지도 않게 봄날은 가고
   시계는 철없이 돌고 돌지요

울어도 귀 없는 세상
죽지 못해 산다고 손사래 치며
가짜 행복들이 판치는 세상
슬픔만 남긴 사랑도 사랑이라며
오늘도 강물처럼 비틀거립니다
흐려진 눈으로 하늘만 보며
맏딸이란 이유로 눈물로 보낸 세월
이젠 응어리진 가슴 풀어 헤치고
푸른 하늘로 날갯짓해 보렵니다
죽음 앞에 도망자가 된 아버지
목메어 불러봅니다

- 시「아버지 없는 하늘」전문

 사람이 죽음 뒤에는 무엇을 남기는가. 죽음 뒤에는 좋고 나쁜 것이 없다. 죽은 자는 나에게 어떤 이익도 피해도 줄 수 없다. "아버지 없는 하늘/ 흐린 채 말이 없습니다/ 아무렇지도 않게 봄날은 가고/ 시계는 철없이 돌고 돌지요" 죽은 자는 존재하지 않음으로 아무 말이 없으므로 종말이자 인격도 없다. "울어도 귀 없는 세상/ 죽지 못해 산다고 손사래 치며/ 가짜 행복들이 판치는 세상/ 슬픔만 남긴 사랑도 사랑이라며/ 오늘도 강물처럼 비틀"거린다며 화자는 회한에 잠긴다. 아버지의 죽음을 맞닥들인 화자는 그동안 마음의 응어리를 내려놓게 된다. 아버지는 하늘나라로 가셨지만 슬픔만 남겼다고 말한다. 그 슬픔도 사랑이라고 말하는 것에서 아쉬움을 남기고 있다. "맏딸이란 이유로 눈물로 보낸 세월/ 이젠 응어리진 가슴 풀어 헤치고/ 푸른 하늘로 날갯짓해 보렵니다/ 죽음 앞에 도망자가 된 아버지/ 목메어 불러봅니다"에서 아버지가 풀고 가지 못한 응어리를 화자 스스로 해법을 내어 풀고 있다. '죽음 앞에 도망자가 된 아버지'에서 살아생전에 아버지와 풀고 싶었던 갈등의 고리를 화자와 풀고 가지 못한 한을 남기고 있지만 '아버지를 목메어 부르는' 것에서 미움은 사라지고 연민의 사랑을 고백하게 된다.

4.
 인생은 선택과 결정으로 운명이 좌우된다고 말한다. 그러나 부모 자식간은 선택과 결정이 해당되지 않는 운명적인 관계이다. 어떻게 부모를 선택하고 자식을 결정할 수 있단 말인가. 생명의 목적은 누구에게나 숭고하다. 그 생명의 숭고한 목적은 존재를 존중하는 가치를 부여하며 존재케 한다. 누구도 자신이 왜 부정당해야 하는지 모르면서 부당한 대우를 받을 때 견딜 수 없는 고통에 휩싸인다. 그러나 눈물 같은 과거 때문에 소중한 오늘이 슬플 수 없다. '카르페 디엠' 오늘과 미래를 위해 지금 이 순간을 사랑해야 한다.

> 단 한 번뿐인 인생
> 세월은 흘러 어디로 가는 걸까
> 세상의 끝엔 무엇이 기다릴까
> 무엇을 원하고 갈망하며 고뇌 했나
> 풍파에 시달리며 떠밀려온 삶
> 과거를 추억해도 무의미한 기억뿐
> 허름하고 애매한 발자취만 남았다
> 내게 길들인 절망은 허공에 떠 있고
> 외로운 심술보는 욕심만을 키웠다
> 모두 지난 과거일 뿐 이젠, 시로 남겨두고
> 나만의 새 생활을 시작하련다
> 잘 자란 아들딸 대견하고
> 무지개 동산으로 네 마리 올라가니
> 다시 또 열두 마리로 채워지는 귀요미들
> 사계절 해시계 아래에서
> 멍멍멍 야옹야옹
> 서로 함께 나누는 정

참사랑 공유하니 외로움이 잊힌다
오늘도 바람을 노래하는 카나리아
높푸른 하늘로 비상飛上하려고
꿈의 날갯짓 한다

— 시「바람을 노래하는 카나리아」전문

메멘토모리Memento mori "자신의 죽음을 기억하라"는 라틴어이다. 로마에서는 전쟁에 승리하고 돌아오는 개선장군에게 '메멘토 모리'를 외치도록 시켰다고 한다. 잘 나간다고 우쭐대는 인간에게 겸손을 가르치는 교훈적인 말이다. 부와 명예를 가졌던 사람도 죽음 앞에서는 모두 똑같은 생명체로서 끝나는 것이다. 가치 있는 삶이란 어떤 것일까? 유한한 삶을 사는 우리는 서로 정을 나누고 사랑하며 살아야 한다는 생각이다. "단 한 번뿐인 인생/……/ 풍파에 시달리며 떠밀려온 삶"이다. 화자는 지나간 과거를 되돌아보며 음미한다. "내게 길들인 절망은 허공에 떠 있고/ 외로운 심술보는 욕심만을 키웠다"며 자신을 반성한다. 인간은 미완의 존재이지만 완성을 향해 잘 살아야 한다. 그러므로 반성하지 못하면 제대로 된 삶이 아니다. 아버지와의 갈등이 사람을 심술사납게 만들었다는 것을 확인하는 장면이다. "모두 지난 과거일 뿐 이젠, 시로 남겨두고/ 나만의 새 생활을 시작하련다"는 것에서 폭풍 같던 지난 시간과 손을 잡으며 화해하고 있다. "잘 자란 아들딸 대견하고/……/ 멍멍 야옹야옹/ 서로 함께 나누는 정/ 참사랑 공유하니 외로움이 잊힌다"는 것에서 화자의 마음이 많은 평정을 찾고 있어 다행이다. "오늘도 바람을 노래하는 카나리아/ 높푸른 하늘로 비상飛上하려고/ 꿈의 날갯짓 한다"며 노래를 부르는 것에서 득음과 자유를 찾았으며 화자의 상처가 회복되고 있음을 보게 된다.

5.
 김홍신 작가는 "문학은 진실의 반지를 끼는 것"이라고 말한다. 그렇다 문인이 된다는 건 진실의 반지를 끼는 것이다. 그러나 사실은 진실과 다르다. 사실은 실제 있었던 일이지만(그 내면의 진실은 감추어져 있다) 진실은 거짓 없는 사실로 진실은 사실을 확인할 수 있는 진실이어야 한다. 태양이 동에서 떠서 서로 지는 것은 사실이지만, 밤이 지나면 아침이 온다는 것은 진실이다. 작가는 사실 너머의 진실을 지켜내고 볼 수 있어야 한다.
 박민정의 제2시집은 오이디푸스 콤플렉스와 유사한 점을 보이는 '엘렉트라 콤플렉스Electra complex'의 잠재의식을 엿보게 된다. 엘렉트라 콤플렉스는 여자아이(딸)가 어릴 때부터 아버지의 인정을 받고 싶어 애착 관계를 형성한다는 것을 시인의 시에서 발견하게 된다. 그러나 시인의 아버지가 최고의 지성인 임에도 불구하고 딸의 마음을 품어주지 못한다. 시인의 아버지는 전통적 한국 아버지들이 내재하고 있는 남존여비 사상이 딸에게 트라우마를 안겨주고 있다. 대한민국 남성의 가부장적 태도, 남성의 우월의식이 이 땅에 얼마나 많은 여성을 울렸는지 공감하게 된다. 그것은 한 인간에게 인격적으로 가혹한 상처를 안겨 주게 되며 끝내 시인의 아버지는 딸과의 갈등을 풀지 못하고 세상을 떠난다.
 시인은 성장하면서 어머니에 대한 욕망을 포기하고 아버지와 자신을 동일시하면서 콤플렉스를 극복하고자 노력한다. 이 과정에서 초자아(superego), 도덕이나 양심의 정신적 현상의 구성이 흔들리게 된다. 시인은 시를 쓸 수밖에 없는 상황이 된다. 아버지가 풀어주지 못한 갈등구조를 시를 통해 화해의 해법을 스스로 풀게 된다. 그 동기는 제2의 타자인 유기견을 통해 아버지에 대한 보상심리가 해소되고 있다. 강렬한 정신적 고통에서 유기견을 돌봄으로 마음의 상처를 치유하게 된다.
 인간은 누구나 상처와 고통 속에서 살아간다. 시인이 내면의 문제를 감추지 않고 마주하는 것은 솔직히 드러내어 극복하고자 하는 의지로 보인다. 고통은 지운다고 해서 지워지는 것이 아니다. 피하지 않고 마주하는 것은 삶과 더불어 의미를 찾고 더 나은 미래를 향해 나아가고자 하는 희망의 메시지인 것이다. 뼛속까지 깊은 상처를 받은 시인이 어떻게 주체적인 삶을 살아갈 수 있을까 내심 걱정이 된다. 그러나 시「바람을 노래하는 카나리아」에서 상처가 치유됨을 발견할 수 있었다. 예술은 마음을 치유하는 힘이 있다는 것을 확인하는 부분이다. 이것이 문학의 힘이요 시의 힘인 것이다. 시인이 제2 시집에서 아버지와의 트라우마를 극복하여 완전히 회복되기를 바라며 제3 시집에서는 새로운 구도의 창의적인 작품을 기대한다. 박민정 시인의 제2 시집 발간을 축하하며 아름다운 새 삶의 시작을 기원한다.

박민정 시집

바람을 노래하는 카나리아

초판 인쇄   2024년 10월 29일
초판 발행   2024년 11월 5일

지 은 이   박민정
펴 낸 곳   도서출판 책나라
등   록   110-91-10104호(2004.1.14)
주   소   ⑨ 03377 서울시 은평구 녹번로 3가길 14,
           라임하우스 1층 101호
전   화   (02)389-0146~7
팩   스   (02)289-0147
홈페이지   http://cafe.daum.net/sinmunye
이 메 일   E-mail / sinmunye@hanmail.net

값 13,000원

ⓒ 박민정, 2024
ISBN 979-11-92271-35-4

* 이 책 내용의 전부 또는 일부를 재사용하려면
   저작권자와 도서출판 책나라 양측과 협의하여야 합니다.
* 저자와의 협의에 의하여 인지를 생략합니다.
* 파본은 구매 서점에서 교환하여 드립니다.